조선 왕의
모든 것을 담은 기록,
조선왕조실록

처음부터 제대로 배우는 한국사 그림책 19

조선 왕의 모든 것을 담은 기록, 조선왕조실록 _조선왕조실록이 들려주는 기록 역사 이야기

초판 1쇄 인쇄 2021년 4월 6일
초판 1쇄 발행 2021년 4월 19일

글 안미란
그림 박지윤

펴낸곳 도서출판 개암나무(주)
펴낸이 김보경
경영관리 총괄 김수현   **경영관리** 배정은
편집 조원선 배우리 조어진   **디자인** 김효정 윤수경   **마케팅** 신종연
출판등록 2006년 6월 16일   제22-2944호
주소 서울특별시 용산구 한남대로40길 19, 4층(한남동, JD빌딩) (우)04417
전화 (02)6254-0601, 6207-0603   **팩스** (02)6254-0602   **E-mail** gaeam@gaeamnamu.co.kr
개암나무 블로그 http://blog.naver.com/gaeamnamu   **개암나무 카페** http://cafe.naver.com/gaeam

© 안미란, 박지윤, 2021
이 책의 저작권은 저자에게 있습니다. 저자와 출판사의 허락 없이 내용의 일부를 인용하거나 발췌하는 것을 금합니다.

ISBN 978-89-6830-628-0 74900
ISBN 978-89-6830-122-3 (세트)

KC	**품명** 아동 도서 ｜ **제조년월** 2021년 4월 19일 ｜ **사용연령** 10세 이상 **제조자명** 개암나무(주) ｜ **제조국명** 대한민국 ｜ **전화번호** 02-6254-0601 **주소** 서울특별시 용산구 한남대로40길 19, 4층(한남동, JD빌딩)

조선 왕의 모든 것을 담은 기록, 조선왕조실록

조선왕조실록이 들려주는
기록 역사 이야기

안미란 글
박지윤 그림

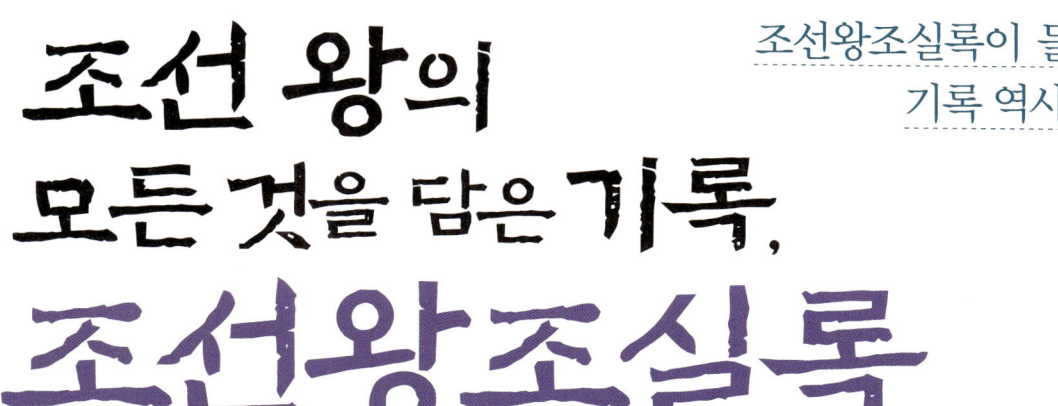

개암나무

임금이 말하기를,
"태종께서 《태조실록(太祖實錄)》을 보려고 하실 때, 어떤 이는 보는 것이 옳다고 말하고, 어떤 이는 보지 않는 것이 옳다고 말하였다. 태종께서는 보지 않기로 결정하셨으나, 춘추관에서 《태종실록(太宗實錄)》 편찬을 마쳤으니, 내가 이를 한번 보려고 하는데 어떤가?"라고 하였다. 그러자 우의정 맹사성(孟思誠)·제학 윤회(尹淮)·동지총제 신장(申檣) 등이 아뢰기를,

"이번에 편찬한 실록은 모두 가언(嘉言)과 선정(善政)만이 실려 있어
다시 고칠 것도 없으려니와 전하께서 이를 고치시는 일이야 있겠습니까?
그러나 전하께서 만일 이를 보신다면 후세의 임금이 반드시 이를 본받아
실록을 고칠 것이며, 사관(史官)도 또한 임금이 볼 것을 의심하여
그 사실을 반드시 다 기록하지 않을 것이니 어찌 후세에 그 진실함을
전하겠습니까?"라고 하였다.

– 세종실록 51권, 세종 13년 3월 20일 갑신 2번째 기사

가언(嘉言) 본받을 만한 좋은 말.
선정(善政) 백성을 바르고 어질게 잘 다스리는 정치.

나뭇잎이 붉게 물든 가을,
울긋불긋 옛 옷을 차려입은 사람들이
커다란 나무 상자를 받들고 가네.
저 나무 상자 안에 무엇을 넣었기에
저리 소중히 대하는지 궁금하지 않니?

저 상자는 사실 속이 텅 비었어.
안에 넣을 정말 소중한 것은 다른 곳에 두었거든.
그것도 여러 곳에 말이야.
서울 대학교 규장각, 국립 고궁 박물관, 부산 국가 기록원,
북한 김일성 종합대학……,
그리고 사이버 공간에도 있지.
도대체 뭐냐고?
바로 나야, 나. 조선왕조실록!

나는 조선을 세운 태조부터 제25대 왕 철종까지
472년간의 일을 기록한 책이야.
설마 나를 역사책 한 권 정도라고 생각하는 건 아니지?
나는 셀 수 없이 많은 책으로 이루어져 있어.
나로 말할 것 같으면
조선 총독부*가 간섭했던 고종과 순종의 실록을 빼도
총 1,893권* 888책*이나 되는 어마어마한 양이야.
나를 다 읽는 데 9년이 걸린다는 사람도 있고,
30년이 넘게 걸릴 거라는 사람도 있어.

조선 총독부 1910년부터 일본이 우리나라를 지배하기 위해 세웠던 통치 기관.
권 옛날 책에서 장(章, 소제목) 또는 편(編)을 세는 단위.
책 고문서나 여러 장의 종이를 하나로 묶는 것을 세는 단위로, 오늘날의 권.

내 덕분에 사람들은
먼 옛날 조선 시대의 모습을 짐작할 수 있어.
600년 전 어느 여름날, 날씨는 어땠는지,
왕이 누구를 만났고, 어디에 갔고,
신하들과 어떻게 나랏일을 의논했는지…….

농사철을 맞아 백성들은 무엇을 했는지,
이때쯤 어떤 풍습이 있었는지,
밤하늘에 달과 별이 어떻게 움직였는지…….
많은 것을 자세하고도 손쉽게 알 수 있단다.

그렇지만 내가 만들어질 때는 그 내용을 아무나 볼 수 없었어.
모든 권력을 가진 왕이라도 마찬가지였지.
조상들은 당장 나를 보려는 게 아니라
먼 뒷날을 위해 바르게 기록하고,
오래도록 보존하려고 나를 만들었거든.

조선의 세 번째 임금 태종은 강인한 왕이었어.
호랑이 같은 장군도 태종 앞에서는 머리를 조아렸지.
그런 태종이 사관을 못마땅하게 여겼던 적이 있어.
사관은 나를 기록하고 관리하는 신하야.
왕이 가는 곳마다 조르르 따라오고,
하는 말마다 제꺼덕 받아 적었지.

"제발 내가 쉬는 곳까지 따라 들어오지 말라."
사관은 마루 밑에 쪼그려 앉아 그 말을 받아 적었어.
"여봐라, 사관은 듣거라. 오늘은 무어라고 적었느냐?"
왕이 물어도 사관은 절대 나를 보여 주지 않았어.

나한테는 이런 재미있는 기록도 있어.
"임금께서 명령했다.
'내가 오늘 사냥하다가 말에서 떨어진 건 적지 말라.'"
사관이 왕의 말과 행동을 곧이곧대로 다 기록했으니
왕이 날 봤다면 어땠을까?
아마도 불같이 화를 냈을 거야.

"나도 할아버지처럼 어진 임금이 되어야지."
세종 대왕은 고집을 부려서 겨우
할아버지인 태조의 실록을 읽을 수 있었어.
세종은 돌아가신 아버지, 태종에 대한 기록도 보고 싶어졌어.
그런데 신하들이 말렸어.
"아니 되옵니다."
"읽어 보기만 할 건데 왜 안 된다 하느냐?
절대로 사관을 야단치거나 따지지 않겠노라."
"그래도 아니 되옵니다."
왕이 읽어 본다고 하면 사관들이 어떻겠어?
겁이 나서 왕의 입맛에 맞는 이야기만 기록하게 될 거야.
그 까닭이 옳으니 왕도 더는 고집을 부리지 못했지.

하지만 나를 들여다보고 신하들을
괴롭힌 임금도 있었어.
연산군은 권력을 휘두르며 제 마음대로 하는 왕이었어.
사초를 보고, 내용을 트집 잡아 수많은 사람들을 죽였지.
대체 사초가 무엇이기에 목숨까지 빼앗은 걸까?
사초는 사관들이 왕 곁에 머물면서
빠르게 적어 내려간 첫 기록이야.
실록의 가장 기초가 되는 기록이지.
연산군은 결국 왕의 자리에서 쫓겨났어.
연산군은 왕으로 있던 시절에 이런 말을 남겼단다.
"임금이 두려워하는 것은 오직 역사뿐이다."
사람은 죽고 나면 그만인 게 아니라
후손으로 이어지는 거대한 역사를 남기잖아?
왕이라 해도 후대 사람들이 어떻게 바라볼지
부끄럽고 겁났던 거야.

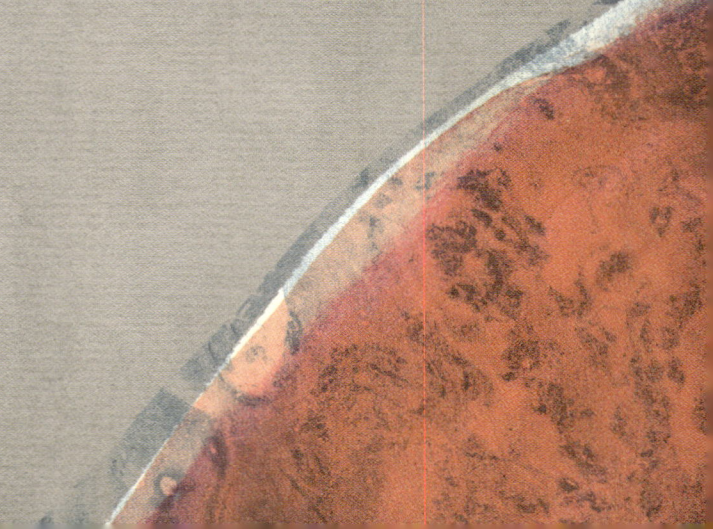

사초는 어떻게 나로 만들어질까?
임금이 돌아가시고, 슬퍼하는 기간이 끝나면
새 임금은 실록을 편찬*하라고 춘추관에 명령해.
춘추관은 역사서를 편찬하는 기관이야.

편찬 여러 가지 자료를 모아 체계적으로 정리하여 책을 만듦.

나를 만드는 일은 아주 중대한 나랏일이었어.
사관들은 집에 잘 보관해 두었던 사초를 가지고 와.
이것을 세 번에 걸쳐 가려 뽑고 다듬는 과정을 거쳐야
나를 편찬할 수 있지.

"이날 임금께서 행차한 일이 승정원일기•에도 적혀 있나?"

"이때 선비들이 임금께 올린 상소문이 일성록•에도 확실하게 있나?"

승정원 일기 왕의 명령을 전달하는 기관인 승정원에서 문서와 사건을 남긴 기록.
일성록 임금이 나라를 다스리는 일을 기록한 일기로, 1760년부터 1910년까지 기록됨.

사관들은 잘 모아 두었던 사초를
다른 자료와 꼼꼼하게 맞춰 보며 촘촘하게 살폈어.
정확한 사실만 기록하기 위해서였지.

사관들은 나를 다 만들고 나면
실록을 편찬하고 남은 사초를 모두 물에 씻었어.
귀한 종이는 남기고 글자만 흐르는 물에 씻어 지웠지.
이 과정을 세초라고 한단다.
사관 한 사람 한 사람이 뭐라고 썼는지는 중요하지 않아.
버릴 건 버리고 간추릴 건 간추려서
귀한 열매 맺듯이 바른 사실을 엮었으니까.
세초가 끝나고 나면 사관들은 마음이 홀가분해지겠지?
세초연이라는 잔치를 벌이며
서로 수고했다며 다독이고 축하해 줬어.

나를 다 만들면 아무렇게나 쌓아 두지 않고
특별한 상자에 넣어 보관했어.
아까 너희들이 본 상자가 바로 이 실록궤야.
실록궤는 투박해 보이지만 매우 공들여 만들었어.
나무판이 벌어지지 않도록 쇠로 감잡이를 붙이고,
양옆에는 활모양의 들쇠를 달아 상자를 옮길 때 사용했어.
실록궤 안에는 천궁과 창포라는 약초를 넣어서
벌레가 생기거나 습기가 서리는 걸 막았지.

만약 나를 상자에 꽁꽁 넣어 두기만 하면 어떻게 될까?
벌레가 생기고 습기가 차서 못쓰게 될 거야.
조상들은 3년에 한 번씩 나를 꺼내 바람과 햇볕을 쏘였어.
나는 그때마다 크게 숨을 쉬었지.
이걸 포쇄라고 하는데, 포쇄관이 된 신하는 매우 자랑스러워했어.
"포쇄를 하라는 임금의 명을 받고
이렇게 맑은 가을날, 난 말을 타고 깊은 산속 사고에 왔다네.
포쇄 임무를 맡았으니, 복 중에 최고 좋은 복을 받을 거야!"

포쇄를 위해 실록궤를 열기 전과 닫기 전,
사람들은 엎드려 나에게 절을 했어.
그것도 네 번이나!
　네 번 절하는 건 왕 앞에서 하는 절이야.
　　나를 마치 임금님처럼 대한 거지.
　　아버지의 아버지의 아버지, 어머니의 어머니의 어머니……,
　대대로 이어 온 줄기찬 역사와 마주하는 거니까.

나를 실록궤에 넣은 다음에 어떻게 할까?
내가 담긴 실록궤는 사고에 모아 보관했어.
사고는 역사서를 보관하는 창고인데,
일부러 바닥에서 높게 지었어.
땅의 축축한 기운이 바로 닿거나
뱀이나 쥐, 벌레 따위가 들어가면 안 되니까.
돌담으로 사방을 두르는 것도 잊지 않았어.
화재를 막기 위해서였지.

하지만 무슨 일이 일어날지 모르는 거잖아?
그래서 나를 한 군데가 아니라
여러 곳에 모시기로 했다는 말씀!
컴퓨터 파일을 복사하거나 백업해 두는 것처럼 말이야.
똑같은 내용으로 여러 권을 만드는 거지.
그러고선 한양 궁궐 안의 춘추관과
충주, 전주, 성주에 각각 보관했어.
이곳들은 사람들이 많이 모여 사는 곳이라
옮기기도 쉬웠고 관리하기도 쉬웠지.

그런데 성주 사고에 불이 나고 말았어.
성주 사고를 지키던 사람들이 밤사이 불을 내고 만 거야.
"연기를 피워 산새를 잡으려다 그만……."
성주 사고에 있던 실록은 잿더미가 되었어.
나를 여러 부 만들어 보관한 덕분에
다행히도 역사를 보존할 수 있었지.
'나누어 모시기'가 아니었다면 큰일 날 뻔했어.

내가 당한 험한 일은 이게 다가 아니야.
임진년(1592년)에 일본이 조선에 쳐들어와 전쟁을 일으켰어.
전주에 사는 안의와 손홍록은
왜군의 눈을 피해
전주 사고에 있던 사고본*을 안전한 곳으로 옮겼지.
"나의 목숨을 바쳐서라도 조선 왕조의 역사를 지켜야 한다."
두 사람은 깊고 깊은 내장산 용굴암에 나를 숨겼어.
나머지 세 곳의 사고는 안전했냐고?
아니. 모조리 불타거나 사라졌어.

사고본 사고에 보관된 실록.

전쟁이 끝나고 사람들은
전주 사고본을 원본으로 삼아 다시 역사를 기록했어.
여러 곳에, 여러 권을 받들어 모시기.
왜 이런 원칙으로 나를 보관하는지, 그 까닭을 알겠지?

이번에는 마니산, 태백산, 오대산, 묘향산에 사고를 지었어.
이곳들은 아무나 쉽게 갈 수 없는 깊은 산 속이었지.
묘향산 사고의 실록은 나중에 적상산으로 옮겼어.
후금˚이 쳐들어올 기미가 보였거든.

후금 1616년에 누르하치가 세운 나라로 1636년에 청나라로 이름을 바꿈.

오대산 사고에 있던, 오대산 사고본 이야기를 더 해 줄게.

오대산 사고본은

다른 사고본들과 다르게 손으로 베껴 적은 거야.

전쟁이 끝났지만 나라 살림이 어려워서

많은 돈을 들여 활자를 제작할 수 없었거든.

오대산 사고본에는 빨간색 동그라미나

새로 글자를 고쳐 쓴 흔적, 빼라는 표시도 포함되어 있어.

전주 사고본의 교정본이기 때문이야.

전쟁 때문에 종이고 뭐고 온통 귀하던 시절,

조상들은 인쇄하기 전의 교정본이라도

없애기 아까워서 잘 보관한 거지.

학자들은 이 교정본의 가치를 아주 높게 쳐.

고치고 다듬은 흔적을 보면서

실록이 만들어진 과정을 자세히 알 수 있었으니까.

나는 전쟁 통에 간신히 살아남아 후대까지 보존되었어.
그런데 1910년, 일본에 나라를 빼앗기게 되자
나의 운명도 어두워졌어.
조선 총독부는 나를 제멋대로 옮겼지.

"하하하, 이제 조선과 일본은 하나다.
그러니 일본 도쿄 대학으로 가져가서 연구하겠다."
그러다 일본에 큰 지진이 일어났어.
지진 때문에 도쿄 대학 도서관의 책들이 불타 버렸어.
안타깝게도 나도 거기 섞여 있었지.

그런데 하늘이 도운 걸까?
때마침 대출 중이던 내 일부가 남아 있었어.
우리나라는 내가 일본에 있다는 것을 나중에 알게 되었어.
2006년, 끈질긴 노력 끝에
나의 일부인 47책이 93년 만에 우리나라로 돌아왔단다.

지금 너희가 나를 보고 싶으면 어떡하냐고?
박물관에서 특별 전시를 할 때도 있고
인터넷에서 확인할 수도 있단다.
어려운 한자를 못 읽어도 괜찮아.
조선왕조실록 사이트에 들어가면 우리말로 번역을 해 놓았거든.
찾고 싶은 내용을 검색하면 누구나 읽을 수 있지.

예를 들어 '세자가 울었다.'라고 검색하면
관련 내용이 주르륵 뜬단다.
언제 울었는지, 왜 울었는지 다 알 수 있다는 말씀!

사실 한자로 쓰인 나를 우리말로 옮기는 일은
절대 만만치 않았어.
함께 일한 사람만 얼추 3,000명에
걸린 시간은 26년이나 되거든.

1968년, 세종 대왕 기념 사업회가
세종실록을 우리말로 옮기기 시작했어.
1972년부터는 민족 문화 추진회가 함께 참여했고
1993년에 413책으로 완성할 수 있었어.

사람들은 나를 보며 올바른 역사를 알 수 있어.

그뿐만 아니라, 실록 속 기록에 상상을 더해

새로운 이야기를 만들어 내기도 해.

드라마나 영화, 만화 등 다양한 방면에서 내가 되살아나는 거지.

나는 역사 연구의 귀중한 자료가 되기도 하고

현대를 살아가는 지혜를 주기도 해.

서고에서 잠만 자는 게 아니라 후손들이 알차고 값지게

쓰고 남기고 퍼뜨리는 조선왕조실록!

나 정말 멋지고 자랑스러운 문화유산이지?

조선왕조실록이 들려주는 기록 역사 이야기

조선왕조실록은 조선 시대 제1대 왕 태조부터 제25대 왕 철종에 이르기까지 472년간의 역사를 기록한 역사서예요. 조선 시대의 정치·외교·문화·과학·미술 등에 관한 다양한 역사적 사실을 담고 있어, 우리나라 역사 연구의 가장 기본이 되는 자료이지요. 이를 인정받아 국보 제151호로 지정되었고, 1997년, 유네스코 세계 기록 유산에 등재되었어요.

조선왕조실록은 무엇인가요?

실록은 한 임금이 다스리던 동안 일어난 사실을 있는 그대로 적은 기록이에요. 중국의 명나라와 청나라 때도 실록이 있었고, 베트남 고대 왕조에도 실록이 있었지요. 그러나 조선왕조실록처럼 단일한 왕조가 이토록 오랫동안 실록을 만들고 보존해 온 경우는 드물어요.

조선왕조실록은 조선 시대 역대 임금이 나라를 다스리던 동안 조정에서 일어난 일과 더불어 여러 가지 사실을 기록한 역사 기록물로, 조선을 세운 태조 이성계의 일을 기록한 《태조 강헌대왕 실록》부터 마지막 임금이었던 《철종대왕 실록》까지 모두 472년간에 걸친 25대 임금들의 실록을 가리켜요.

우리 민족은 고려 시대부터 실록을 편찬했지만, 현재 고려 시대의 실록은 남아 있지 않아요. 거란족의 침입을 비롯하여 거듭된 전쟁 때문에 불타거나 사라졌기 때문이에요. 일제 강점기인 고종 황제와 순종의 실록도 있지만, 조선 총독부의 간섭이 너무 심했고 사실대로 기록되었다고 보기 어려워요. 무엇보다도 이 실록은 조선 시대 내내 이어져 온 실록 편찬의 원칙과 차례가 지켜지지 않아 실록으로 인정하지 않지요.

조선왕조실록은 그 양이 엄청나다는 것뿐 아니라 내용이 풍부하다는 점에서도 매우 중요한 가치를 지니고 있어요. 조선 시대의 정치뿐 아니라 다른 나라와의 외교 관계, 군사 제도, 법률, 풍속, 천문, 음악, 미술, 종

교와 생활까지 사람들의 삶의 모습이 고스란히 담겨 있지요. 이렇게 여러 방면의 역사적 사실이 촘촘히 기록된 경우는 드물어서 세계적으로 귀중한 역사 기록물로 인정받았어요.

조선왕조실록 오대산 사고본.

조선왕조실록은 어떻게 만들었나요?

임금이 돌아가시고 슬퍼하는 기간이 끝나면 새 임금은 즉시 실록 편찬을 명령했어요. 그다음 실록청이라는 임시 기관을 설치하고 일을 맡을 신하를 임명했어요.

임금의 명령이 떨어진 후에 사관들은 그동안 집에 보관하고 있던 사초를 가져왔어요. 사관이 죽었다면 그 가족이나 아래에 있는 관원이 보관했다가 가져왔지요. 이 사초는 실록을 만들기 위한 가장 기초적이고 중요한 자료여서 만약 숨기거나 잃어버리면 엄한 벌을 받았어요.

사초를 다 모으면 이것을 세 번에 걸쳐 가려 뽑고 다듬는 과정을 거쳤어요. 제일 처음 뽑고 다듬은 사초를 초초, 그다음은 중초, 마지막은 정초라고 해요. 다른 자료와 견주어 사실을 확인해 뽑은 초초의 내용을 알맞게 수정한 것이 중초, 마지막으로 내용을 확정한 것이 바로 정초예요. 정초는 '비로소 자리를 잡았다, 바르게 기록할 사실이 정해졌다'는 의미예요.

사초는 누구도 마음대로 볼 수 없었고, 같은 사관끼리도 서로가 쓴 내용을 알려 주거나 보여 주지 못했어요. 비밀을 철저하게 지켜야 사관이 높은 사람의 눈치를 보지 않고 사실대로 기록할 수 있었기 때문이에요.

실록이 완성되면 남은 자료는 모두 없앴어요. 조선 후기엔 자료를 모두 불태웠지만 그전까지는 시냇물에 먹물을 씻어 흘려보냈어요. 비밀을 보장할 뿐만 아니라, 종이가 귀했던 때라 종이를 다시 사용하기 위해서였지요.

조선왕조실록은 어디에 보관했나요?

실록이 다 만들어지면 사고(史庫)에 보관했어요. 사고는 국가의 중요한 서적을 보관하던 곳이에요. 우리 선조들은 전쟁이나 사고로 불타거나 훼손될 것을 염려해 실록을 여러 권 만들어 사고에 보관했어요. 사고 또한 여러 곳에 지었고, 아무나 드나들 수 없게 했지요.

사고는 충주와 전주, 성주 지역과 한양의 춘추관에 설치했어요. 그런데 임진왜란이 일어나 전주를 제외한 모든 사고와 실록이 불타 없어졌어요. 이후 춘추관과 마니산, 오대산, 태백산, 묘향산에 다시 사고를 지어 실록을 보관했어요. 병자호란을 겪고 나서는 묘향산과 마니산 사고본을 적상산과 정족산으로 옮겼지요.

실록은 실록궤라는 특별한 상자에 넣어 보관했어요. 실록궤는 변형이 적고 벌레에 강하며, 습도 조절도 잘되는 오동나무로 만들었어요. 실록궤 안에는 실록 말고도 다양한 물건들을 함께 넣었어요. 실록과 실록 사이에 '초주지'라는 종이를 끼워 넣어 책들이 서로 달라붙지 않게 하고, 나쁜 기운을 물리친다는 붉은 보자기로 실록을 쌌지요. 해충과 습기 피해를 막아 주는 천궁과 창

실록궤.

오대산 사고.

포를 담은 주머니도 같이 넣었어요. 궤를 닫기 전에는 기름 먹인 종이를 덮어서 오랫동안 보존할 수 있도록 했고, 어떤 왕의 실록을 몇 권 담았는지 종이에 써서 실록궤에 붙였어요.

 실록은 3년마다 꺼내서 햇볕과 바람을 쐬어 주었어요. 이걸 포쇄라고 해요. 포쇄하는 과정 중에도 혹시라도 실록의 내용이 밖으로 알려지지 않도록 엄격하게 관리했어요. 실록은 지난 역사를 되돌아보며 나라를 이끌어갈 거울로 삼고자 했기 때문에 매우 소중히 다뤄졌답니다.

사관은 기록을 어떻게 잘 보존할 수 있었나요?

실록은 꼭 필요한 경우에만 사관이 살펴볼 수 있었어요. 왕이라고 해도 함부로 실록이나 사초를 볼 수 없었지요. 물론 실록 내용을 궁금해한 왕들도 있었어요. 태조는 조선을 세우고 7년이 지났을 때, 자신이 왕에 오른 뒤부터 기록한 사초를 모두 가져오라고 했어요. 당나라의 태종도 실록의 내용을 살펴본 일이 있다는 명분을 내세웠죠. 그러자 사관들은 당시 명령을 받았던 당나라의 재상조차 태종에게 많은 부분을 숨기고 일부만을 보여 주었다며 태조를 설득했어요.

세종은 신하들을 설득해서 태조의 실록을 볼 수 있었어요. 하지만 아버지 태종의 기록만큼은 신하들의 반대로 볼 수 없었지요. 세종은 역대 왕들이 이룬 위대한 업적을 당대에 볼 수 없다는 사실이 안타까웠어요. 그래서 왕들의 업적을 정리한 역사책을 펴내기로 마음먹었어요. 《국조보감》이라는 이름의 이 책은 오랫동안 꾸준히 만들어져서 총 90권 28책으로 완성되었어요. 하지만 왕을 찬양하고 과장한 내용이 많아서 역사 기록으로서의 가치는 떨어져요.

연산군은 한 사관이 쓴 사초에 문제가 되는 내용이 있다는 이야기를 듣고, 그 사관이 기록한 사초를 모두 가져오라고 명령을 내렸어요. 실록을 만들고 있었던 실록청에서는 왕은 사초를 볼 수 없다고 했어요. 하지만 연산군이 고집을 부리자, 사관들은 문제가 되는 부분만 잘라서 올렸어요. 연산군은 마음에 들지 않는 내용을 작성한 사관과 사초와 관련된 수많은 신하들의 목숨을 빼앗고 벌을 내렸어요.

이처럼 강력한 힘을 가진 권력자가 나서서 기록된 내용을 먼저 살펴보고, 자신에게 불리한 내용은 발표하거나 남길 수 없도록 통제하고 삭제하는 일을 '검열'이라고 해요. 우리나라는 일제강점기와 독재 정권 때 검열이 가장 심했어요. 하지만 검열했던 사실까지도 기록으로 남긴 덕분에 오늘날에도 과거의 일을 알 수 있게 되었답니다.

인류는 지금도 기록을 남기고 있나요?

인류는 기록을 통해 자신들의 기억을 보존하고 삶을 기억해요. 먼 과거에도 선조들은 기록을 남겼고, 현재도 모든 역사를 기록하고 있지요. 우리나라의 대표적인 기록 관련 기관은 국가 기록원이에요. 국가 기록원은 500년의 역사를 기록하고 보존해 온 선조들의 정신을 이어받아 나라의 중요한 기록물을 관리하기 위해 설립된 기관이에요. 미래의 소중한 보물이 될 기록들을 후손에게 안전하게 전하기 위해서 잘 모아서 보관하고, 지금 여기서 생활하는 사람들이 좀 더 편리하게 기록물을 이용할 수 있도록 돕지요.

국가 기록원에서는 일반 문서 외에도 시청각 자료, 웹 자료 등을 보관하고 있어요. 본원은 대전에 있지만 서울 기록관과 부산 기록관, 세종시의 대통령 기록관까지 여러 곳이 있어요.

국가 기록원에서는 여러 기록물들을 최첨단 과학 기술로 보존하고 있어요. 또 누구나 쉽게 찾아보고 다양하게 활용할 수 있도록 과거의 기록물을 디지털화했어요. 만약 독립운동가에 대해 궁금하다면 일제 재판정에서 내려진 판결문을 컴퓨터로 단 몇 초 만에 찾아볼 수 있고, 수십 년 전에 나왔던 텔레비전 뉴스를 곧바로 볼 수도 있어요.

이렇게 기록물을 찾기 쉽고 보기 쉽게 디지털화하면 안전하게 관리할 수도 있고, 재미난 게임을 만들거나 역사를 연구하고, 미래에 대한 계획을 세울 때 유용하게 쓸 수 있어요.

앞으로도 기록 문화 강국의 전통을 이어받아 역사를 알고, 지키고, 잘 보존하며 가꾸어 나가려는 노력이 필요해요. 기록이 남아 있기 때문에 우리 역사를 지킬 수 있다는 걸 명심해야 해요.

국가 기록원 부산 기록관.

우리나라의 세계 기록 유산은 무엇이 있나요?

유네스코는 인류 모두가 소중하게 간직해야 할 기록물을 세계 기록 유산으로 지정했어요. 세계 기록 유산은 어떤 한 나라만이 아니라 인류의 역사와 모두의 문화에 큰 영향을 끼친 가치 있는 것을 뜻해요. 우리나라에도 유네스코 세계 기록 유산으로 지정된 기록들이 있답니다. 지금부터 살펴볼까요?

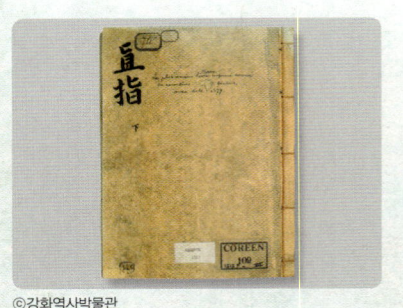
ⓒ강화역사박물관

직지심체요절
고려 시대인 1372년에 백운 화상이 '불조직지심체요절'의 내용과 다른 불교책들의 중요한 글귀를 가려 뽑아 해설한 책이에요. 1377년에 금속 활자로 인쇄되었어요. 세계 최초의 금속 활자본으로 인정받았고, 프랑스 국립 도서관에 소장되어 있어요.

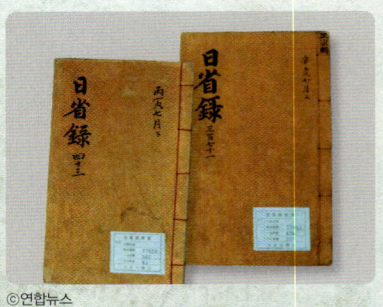
ⓒ연합뉴스

일성록
1760년부터 1910년까지 역대 왕의 말과 행동을 날마다 기록한 책이에요. 정조가 어렸을 때 할아버지인 영조의 말과 행동을 기록한 일기에서 시작되었어요. 정조가 왕이 되어 규장각의 신하들에게 이 일을 맡겼어요.

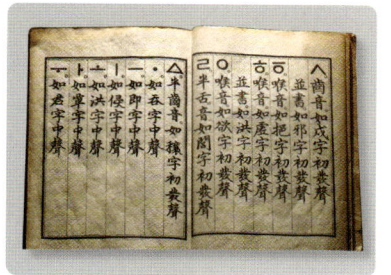
ⓒ연합뉴스

훈민정음해례본
1446년에 세종 대왕이 훈민정음 28자를 반포했을 때 펴낸 책이에요. 훈민정음을 만든 이유와 자음과 모음의 원리, 용법에 대한 설명이 담겨 있어요. 1997년에 우리나라의 첫 유네스코 세계 기록 유산으로 지정되었어요.

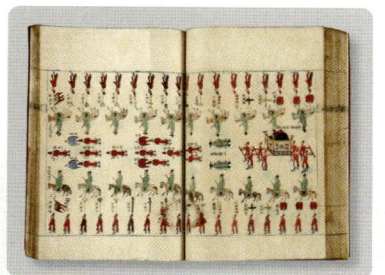
ⓒ문화재청

조선왕조 의궤
조선 시대에 왕실에서 이루어진 국가의 주요 행사를 꼼꼼하게 정리한 기록이에요. 왕실의 결혼식, 장례식, 건축, 잔치 등 큰 행사의 과정을 정리하고, 그림으로 상세하게 남겨서 다음 행사를 준비할 때 참고해서 볼 수 있도록 했어요.

ⓒ연합뉴스

5·18 민주화 운동 기록물
1980년 5월 18일에서 27일까지 광주광역시에서 독재에 항거했던 5·18 민주화운동에 대한 기록물이에요. 공공기관이 남긴 자료와 시민들이 쓴 성명서, 선언문, 일기, 기록과 증언, 사진 자료, 진상 규명 회의록 등으로 이루어져 있어요.

ⓒKBS소장자료

KBS 특별 생방송 '이산가족을 찾습니다' 기록물
1983년 6월 30일부터 11월 14일까지 138일 동안 KBS가 생방송으로 방영한 프로그램 〈이산가족을 찾습니다〉와 관련된 기록물이에요. 방송 당시 이산가족을 찾으려는 사람들이 5만 명 넘게 방송국 앞으로 몰려들었어요. 그때의 방송을 녹화한 테이프와 담당 프로듀서의 수첩, 이산가족이 작성한 신청서와 사진 등이 남아 있어요.

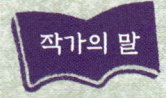

꿈과 노력으로 만들고 전하는 역사!

어릴 때 본 사극 드라마에는 왕과 신하들이 나랏일을 의논하는 장면에 사관이 꼭 등장했어요. 책상 앞에 앉아서 말없이 빠르게 붓을 놀리며 무언가를 쓰는 사람 말이에요. 사관을 볼 때마다 이런 걱정이 들었어요.

'저 사람 목이 안 아플까?'

다른 사람과 달리 고개를 내내 숙이고 있잖아요. 그 모습을 보노라면 제 목이 다 아픈 것 같았어요.

그런데 옛날 어느 사관이 이런 말을 남겼다는 걸 알게 되었어요.

"목이 달아나도 붓을 굽힐 수는 없다."

목이 달아난다는 건 목숨이 사라진다, 즉 죽임을 당한다는 뜻이에요. 비록 자신의 목숨을 버리는 한이 있더라도 왕에게 잘 보이기 위해 거짓을 기록하지는 않겠다는 의미지요. 붓을 굽히지 않겠다는 말은 힘센 사람의 눈치를 보거나 누군가에게 잘 보이기 위해서, 혹은 잘못된 일을 감추기 위해 글을 쓰지 않겠다는 뜻이고요.

사실 왕이 가장 두려워한 것은 사관의 붓끝일지 몰라요. 뭐든지 자기 마음대로 할 수 있는 권력을 가지고 있지만, 자신의 잘못이 실록에 기록되는 건 두렵잖아요. 그래서 왕은 늘 말과 행동을 조심하고 백성을 올바로 다스리기 위해 공부를 열심히 해야 했어요.

드라마를 보면 신하들이 자신의 목숨을 걸고 이렇게 말할 때가 있어요.

"전하, 하늘이 보고 있습니다."

이 말은 역사로 모든 것을 기록하고 있으니 한 점 부끄러움 없이 어질고 바른 정치를 해야 한다는 경고예요. 하늘이 늘 내려다보고 있다는 걸 잊지 않게 하는 것, 바로 실록을 기록하는 일이었지요.

선조들이 자신의 목숨을 걸고 남긴 조선왕조실록을 통해 우리는 역사를 되살리고, 활용하고, 널리 퍼뜨려요. 현대를 살아가는 우리가 알아야 할 지혜를 얻고 미래를 비추는 거울로 삼지요.

요즘은 드라마뿐 아니라 영화, 웹툰, 판타지 소설 등 다양한 창작물의 배경에 조선 시대가 등장해요. 옛 조상들의 모습을 최대한 사실 그대로 전달하는 경우도 있고, 현대적 요소를 덧붙여서 엉뚱하고 발랄한 재미를 보여 주기도 하지요.

심지어는 조선 시대에 외계인이 나타났다거나 현대인이 과거로 타임머신을 타고 시간여행을 하는 등 무한한 상상력을 발휘하기도 해요.

　현대를 사는 우리가 조선 시대의 모습을 마음껏 상상할 수 있는 것은 조선왕조실록 덕분이에요. 목숨을 걸고 기록을 남긴 사람, 그 실록을 안전하게 받들어 모시기 위해 애쓴 사람, 전쟁통에 실록을 구하고자 피난을 간 사람까지……. 우리 겨레는 이제 그 많은 실록을 한문에서 우리말로 옮기는 작업까지 마쳤어요. 수많은 사람의 꿈과 희생, 노력 덕분에 이제는 누구나 우리 역사를 알고, 다음 세대에 전하고 있어요. 이처럼 여러분도 우리 역사와 기록 유산의 가치를 알고, 이를 소중히 여기길 바라요. 그러면 먼 훗날 후손들 역사책에 여러분의 역사가 적힐지도 몰라요.

　"팬데믹을 이겨낸 멋진 어린이!"라고요.

2021년 봄 안미란

참고문헌 및 사이트

《기록한다는 것: 오항녕 선생님의 역사 이야기》, 오항녕, 너머학교

《실록이란 무엇인가: 조선 문명의 일기》, 오항녕, 역사비평사

《조선왕조실록—목숨을 걸고 기록한 사실》, 김찬곤, 사계절

《역사를 비추는 거울 조선왕조실록》, 김현영, 열린어린이

《주제로 보는 조선왕조실록: 실록 기사로 조선을 만나다》, 송영심, 팜파스

《승정원일기: 왕들의 살아있는 역사》, 김종렬, 사계절

조선왕조실록 http://sillok.history.go.kr

승정원일기 http://sjw.history.go.kr

국가 기록원 http://www.archives.go.kr

유네스코와 유산 http://heritage.unesco.or.kr

후손들이 알차고 값지게
쓰고 남기고 퍼뜨리는 **조선왕조실록!**
나 정말 멋지고 자랑스러운 문화유산이지?